ViktoriaSarina

SPRING IN EINE PFÜTZE!

Viktoria Sarina

Spring in eine Pfütze!

Bunte Ideen für jeden Tag

HALLO. Heute ist der perfekte Tag, um mit deinem ganz persönlichen Sammel-, Tage-, Ideen-, Erinnerungs-, Kreativ- und Ausfüllbuch zu beginnen. Dieses Buch soll dich über ein ganzes Jahr hinweg begleiten. Und dabei ist es egal, ob du am Anfang des Jahres oder mittendrin damit beginnst. Schließe einfach ab dem heutigen Datum alle Aufgaben nacheinander ab, bis du das komplette Buch ausgefüllt hast. Für jeden Tag gibt es eine Aufgabe zu erledigen, mal kannst du das im Buch tun und mal außerhalb. Langweilig wird dir also bestimmt nicht! Versuche das Buch jeden Tag ein bisschen schöner zu machen und deiner Stimmung entsprechend zu gestalten.

LASS DIESES BUCH STRAHLEN!

Teile deine Seiten gerne mit uns und der Community, indem du Fotos auf Instagram hochlädst und den Hashtag

#SPRINGINEINEPFÜTZE

verwendest oder

@SPRINGINEINEPFUETZE darauf tagst.

JANUAR: Trage die wichtigsten Ereignisse
für diesen Monat ein!

1 ....

2 ....

3 ....

4 ....

5 ....

6 ....

7 ....

8 ....

9 ....

10 ....

11 ....

12 ....

13 ....

14 ....

15 ....

16 ....

17 ....

18 ....

19 ....

20 ....

21 ....

22 ....

23 ....

24 ....

25 ....

26 ....

27 ....

28 ....

29 ....

30 ....

31 ....

2.1.

Hast du schon Vorsätze für das **NEUE JAHR?**

Dann schreibe sie hier auf,

um sie bloß nicht zu vergessen. :)

☆

☆

☆

☆

3.1.

Ein etwas anderer **STECKBRIEF** ...

Zweiter Vorname: _ _ _ _ _ _ _ _ _ _ _ _ _ _ _ _ _

Anzahl geposteter Fotos auf Instagram: _ _ _ _ _ _ _ _ _ _

Lieblingshashtag: **#**_ _ _ _ _ _ _ _ _ _ _ _ _ _ _ _

Meistbenutzter Lippenstift: _ _ _ _ _ _ _ _ _ _ _ _ _ _

Süßigkeit, die ich täglich essen könnte: _ _ _ _ _ _ _ _ _ _

Größte Macke: _ _ _ _ _ _ _ _ _ _ _ _ _ _ _ _ _ _

Schnell genervt von: _ _ _ _ _ _ _ _ _ _ _ _ _ _ _ _ _ _

4.1. Stemple mit dem RADIERGUMMI
eines Bleistifts
ein Bild auf diese Seite

5.1. ENTWEDER ... ODER?
Kringle ein, was du lieber magst.

SKIFAHREN   oder   EISLAUFEN

HEIßE SCHOKOLADE   oder   PUNSCH

 oder REGEN

SCHNEE

DRAUßEN SCHNEEMANN BAUEN   oder   DRINNEN FILME SCHAUEN

6.1.

Sammle hier **GUTSCHEINE**, die du noch verwenden willst.

Ganz egal, ob für den

SUPERMARKT, die **DROGERIE** oder **KINOBESUCHE**.

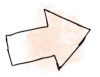

7.1.

NERVIG! Diese Dinge, die man einfach immer vergisst zu kaufen, obwohl man sie so dringend braucht.

Schreibe hier eine **EINKAUFSLISTE**, damit du beim nächsten Shopping-Tag nichts mehr vergisst.

VORFREUDE IST DIE SCHÖNSTE FREUDE!

Worauf freust du dich gerade?

Zähle die Tage bis zu diesem Ereignis

und markiere die Zahl.

Ab heute kannst du jeden Tag ein Häkchen setzen.

1	2	3	4	5	6	7
8	9	10	11	12	13	14
15	16	17	18	19	20	21
22	23	24	25	26	27	28
29	30	31	32	33	34	35
36	37	38	39	40	41	42
43	44	45	46	47	48	49
50	51	52	53	54	55	56

Hast du ein ganz spezielles

LIEBLINGSFOTO

oder Bild?

Klebe es hier ein.

9.1.

10.1.

Zeichne deine aktuelle Stimmung in dieses **EINMACHGLAS**.

11.1.

Spring-in-eine-Pfütze-und-bespritze-deine-Freunde-Tag:

MACH HEUTE GENAU DAS!

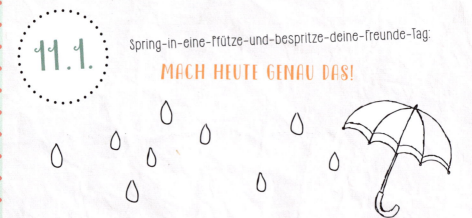

Was würdest du eigentlich tun,
wenn du **EINE GANZE NACHT**
in einem
SPIELZEUGLADEN
eingesperrt wärst?
Alles ist erlaubt!

12.1.

- -

- -

- -

- -

13.1.

Wie viele **TASSEN KAFFEE / TEE** hast du
heute eigentlich schon getrunken?

Male die Anzahl aus.

14.1.

Poste ein Selfie mit den Hashtags
#SELFIETIME #SPRINGINEINEPFÜTZE.
Das wird in deinem Feed bestimmt toll aussehen! :)

15.1.

Wie sieht es eigentlich mit deinen **VORSÄTZEN** aus?

Hältst du dich noch daran oder hast du sie schon längst über Bord geworfen?

16.1.

Verfasse eine Topliste mit den **HEIßESTEN PROMIS.**

1. _____

2. _____

3. _____

17.1.

Das Schönste nach einem langen WINTERSPAZIERGANG ist es doch, wieder ins Warme zu kommen.

Damit die Kuschelzeit zu Hause perfekt ist, probiere doch mal dieses leckere HEISSGETRÄNK aus.

HEISSE WEISSE SCHOKOLADE

1. Milch in einem Topf erwärmen.

2. Je nach gewünschter Süße einige Stücke weiße Schokolade in die Milch rühren.

3. Wer möchte, kann auch noch ein wenig Vanille-Extrakt oder Vanille-Zucker hinzugeben.

4. Und für die Extraportion Glück gerne auch noch Schlagsahne als Topping daraufgeben!

18.1. Lass diese Seite **GLITZERN**!

19.1.

Schätze dich selbst ein!
Wie bist du auf einer Skala von 1 bis 10?

Humorvoll 1 2 3 4 5 6 7 8 9 10

Schüchtern 1 2 3 4 5 6 7 8 9 10

Kreativ 1 2 3 4 5 6 7 8 9 10

Nachdenklich 1 2 3 4 5 6 7 8 9 10

SERIENTIPP!

Man ist doch eigentlich immer auf der Suche nach einer
neuen Lieblingsserie, oder?
Kennst du Vikis Lieblingsserie schon?

 GILMORE GIRLS

Wann hast du das letzte Mal ein
BUCH gelesen, **GEBADET**, dir ein
SCHÖNHEITSPROGRAMM
gegönnt oder deine
LIEBLINGSSPEISE gegessen?
Nimm dir den Abend für dich und mach
nur Dinge, die du gerne magst.

ENJOY

Versuche deine **BFF** zu zeichnen:

22.1.

23.1.

Sparst du zurzeit für etwas?

Dokumentiere deinen Fortschritt.

24.1.

Male die Os, As, Ds und Bs im Text aus

Obst ist lecker, gesund und hübsch anzusehen.
Fast jeder liebt die schmackhaften Energiespender,
die helfen sollen, gesund zu bleiben. Klein geschnippelt
zum Snacken oder gemixt als Smoothie. Doch
welches obercoole Obst ist denn besonders beliebt?
Sind es fruchtig-saure Äpfel oder saftig-süße Erdbeeren?
Oder was ist mit sauer-spritzigen Zitronen?
Was bist du? #TEAMAPFEL, #TEAMERDBEERE
oder #TEAMZITRONE?

25.1.

SEI HEUTE GLÜCKLICH!

26.1.

MINI-DIY:
Federn aus
WASHI TAPE

1. Einen Zahnstocher der Länge nach auf die klebende Seite eines Streifens Washi Tape legen. Achte darauf, den Zahnstocher mittig zu platzieren und an einer Seite ungefähr 1 cm überstehen zu lassen.

2. Nun einen zweiten Streifen genau darauf kleben und das obere Ende (wo der Zahnstocher nicht übersteht) leicht gerundet abschneiden.

3. Jetzt machst du ganz viele kleine schräge Einschnitte von beiden Seiten zur Mitte hin. Schon hast du eine süße kleine Feder aus Washi Tape!

27.1. Beantworte diese verrückten Fragen!

Hast du schon mal mit deiner ZIM-MERPFLANZE gesprochen?

Hast du schon mal PIZZA MIT NUTELLA gegessen?

Wie oft hast du dir schon gewünscht, dass es einen REALLIFE-RÜCKGÄNGIG-BUTTON gibt?

Was ist der VERRÜCKTESTE ORT, an dem du dir vorstellen könntest, zu leben?

28.1. Male diesen Kasten mit BLEISTIFT aus und radiere ein Bild hinein!

29.1. Mach heute eine **SCHNEEBALLSCHLACHT!**
Wenn kein Schnee liegen sollte,
gibt es immer noch Kissen ;)

30.1. Hast du schon mal einen **FLAMMKUCHEN**
selbst gemacht? Wie wäre es mit heute?

Flammkuchen ist so ähnlich wie Pizza, und wer mag schon keine Pizza?! :D
Fertigen Flammkuchenteig gibt es ganz normal im Supermarkt zu kaufen
und statt mit Tomatensoße, wie bei Pizza, bestreicht man diesen Teig mit
Crème fraîche. Dann kannst du ihn mit allem, worauf du Lust hast,
belegen – das ist nämlich das Tolle: Flammkuchen ist super vielseitig und man
kann so gut wie alles drauflegen.

Bohnen, Mais, Paprika, Rucola, jede beliebige Käsesorte,
Schinken und noch ganz viel mehr!!!

TIPP:

Streue jetzt noch etwas Parmesan und Oregano darüber –
das schmeckt besonders lecker! Dann kommt der Kuchen wie in der
Packungsanweisung beschrieben in den Ofen. Lass es dir schmecken!

31.1.

Platz für NOTIZEN
(Man hat doch immer etwas zu notieren!):

1.2.

FEBRUAR: Trage die wichtigsten Ereignisse
für diesen Monat ein!

1 _____

2 _____

3 _____

4 _____

5 _____

6 _____

7 _____

8 _____

9 _____

10 _____

11 _____

12 _____

13 _____

14 _____

15 _____

16 _____

17 _____

18 _____

19 _____

20 _____

21 _____

22 _____

23 _____

24 _____

25 _____

26 _____

27 _____

28 _____

29 _____

2.2.

Versuche ein Bild wie ein **KLEINKIND** zu malen.

3.2.

Fragen zum **WINTER**:

Hattest du schon einmal **SCHNEEFREI?**

Wie viele **SCHNEEMÄNNER** hast du
in deinem Leben schon gebaut?

Was war die **TIEFSTE TEMPERATUR**, die
du je erlebt hast?

Was ist dein **LIEBLINGSTEE?**

PSST: Viki mag am liebsten Bratapfeltee -
hast du den schon mal probiert?

4.2. Schreibe auf, was dir gerade in den Kopf kommt, und lasse deinen Gedanken freien Lauf.

5.2. Kennst du diese BEAUTYHACKS schon?

Lippen kannst du VOLLER wirken lassen, indem du nur in die Mitte deiner Lippen LIPGLOSS auftupfst.

PARFUMDUFT hält länger an, wenn du vorher VASELINE auf die Stelle gibst.

NAGELLACK trocknet schneller, wenn du ihn mit kalter Luft anföhnst.

6.2.

Klebe hier den interessantesten

ZEITUNGSARTIKEL

ein, den du finden kannst.

Eine **COOLE HANDYHÜLLE** muss nicht viel kosten.
Besorge dir einfach eine durchsichtige Handyhülle.
Dann kannst du das Motiv ständig wechseln.

7.2.

Dafür musst du lediglich eine Art Schablone, die in die durchsichtige Hülle passt, aus einem festeren Papier erstellen. Dann legst du die Schablone auf das Motiv, das du in deine Hülle schieben willst, zeichnest die Form der Schablone nach und schneidest das Motiv aus .Coole Ideen wären, die Form aus einem **FOTO** auszuschneiden, aus **ALUFOLIE**, aus schönem **PAPIER** oder einer **ZEITUNG**. Die ausgeschnittene Form kannst du dann in deine durchsichtige Handyhülle legen.

8.2.

TUE ETWAS GUTES.

Falls dir auf die Schnelle nichts einfällt, haben wir ein paar Ideen für dich:

Spende einem **STRAßENMUSIKER** Geld.

Hänge **VOGELFUTTER** auf.

Frage eine Person, wobei du ihr gerade helfen kannst.

Führe **HUNDE** aus dem Tierheim zum Spazieren aus.

9.2.

Achtung, STIFTE-INVENTUR!

Male mit jedem Stift von deinem Schreibtisch einen Strich auf diese Seite.

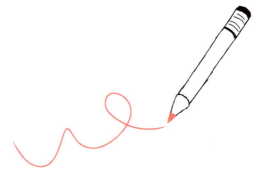

10.2. Was ist dein Lieblings – ...?

...HEIßGETRÄNK? _ _ _ _ _ _ _ _ _ _ _ _ _ _

...FORTBEWEGUNGSMITTEL? _ _ _ _ _ _ _ _ _

...RAUM im ganzen Haus? _ _ _ _ _ _ _ _ _ _

...ONLINESHOP? ...GERÄUSCH?

_ _ _ _ _ _ _ _ _ _   _ _ _ _ _ _ _ _ _ _

11.2.

Bestelle dir in einem **CAFÉ** dein **LIEBLINGSGETRÄNK** zum
Mitnehmen und nenne anstatt deines echten Namens einen anderen.
Wenn du dich traust, **ERFINDE** doch einfach einen. :D

»LUNABELLA«

»SOFIALETTA«

»HILDEGARDINA«

12.2.

Kreiere deinen Traum-Burger –
ALLES IST ERLAUBT!

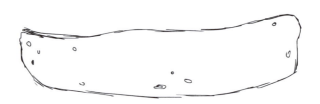

Wie wäre es für heute mit einer **HÜBSCHEN FRISUR?** Mach dir eine!

Hier haben wir Inspirationen für dich:

13.2.

VIDEO: https://youtu.be/uOCB7-oKEbo

VALENTINSTAG:

Fülle die komplette Seite mit Herzen!

Und wenn dein Herz gerade gebrochen ist, lass sie

bluten und Stacheln aus ihnen sprießen.

15.2. Stelle eine PFLANZE in dein Zimmer,
Und falls du keinen grünen Daumen hast,
gibt es immer noch Kakteen ;)

oder wie Viki gerne sagt:
»KAKTI« :D

16.2.

Was ist das Krasseste,
was du mit deinen HAAREN anstellen würdest?

Einen PONY schneiden?   Ja   Nein

Eine DAUERWELLE machen?   Ja   Nein

Sie in REGENBOGENFARBEN färben?   Ja   Nein

17.2. Trage dieses Buch heute den ganzen Tag
bei dir und notiere immer wieder,
wo du gerade bist und was du dort machst

18.2. Sortiere deine alte SCHMINKE aus,
denn auch Make-up hat ein Ablaufdatum.

19.2.

Sammle deine

KINOKARTEN

und klebe sie hier ein.

20.2.

Heute ist der **TAG DES HAUSTIERES.**
Wenn du einen Hund hast, backe doch diese Kekse für ihn.
Und falls du ein anderes Tier hast, schenke ihm heute
besonders viel Zeit.

LEBERWURST LECKERCHEN FÜR HUNDE

1. Backofen auf 200° C vorheizen.

2. Folgende Zutaten zu einem Teig kneten:
250 g Leberwurst, 250 g Vollkornmehl, 50 g Haferflocken
und ungefähr 200 ml Milch (erst etwas weniger Milch
nehmen. Falls der Teig noch zu trocken ist,
etwas mehr hinzugeben).

3. Anschließend den Teig ausrollen und mit Ausstechformen die
Kekse ausstechen.

TIPP: Es gibt verschiede Motive, wie zum Beispiel Knochen, so
sehen die Hundekekse bestimmt besonders süß aus!

4. Und nun ca. 25 Minuten backen und gut auskühlen
lassen, bevor du dein Hündchen probieren lässt ;).

21.2. Hier ist Platz für **TELEFONKRITZELEIEN**, während du mit deiner **BFF** telefonierst.

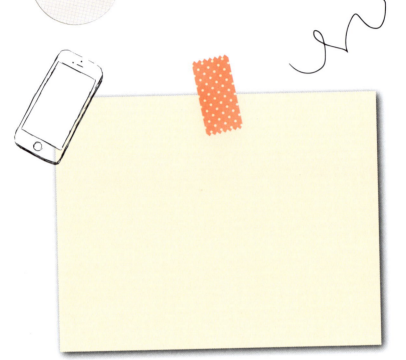

22.2. Verstecke eine geheime **BOTSCHAFT** im Buch, indem du zum Beispiel bestimmte **BUCHSTABEN** hervorhebst. Oder wie wäre es mit einem **FARBCODE?**

23.2. Versuche dich als Malerin – bepinsele eine LEINWAND.

24.2. Mache einen SPAZIERGANG, atme die frische Luft ein und beobachte die Natur. Du entdeckst bestimmt Neues.

25.2. Würdest du für 1.000€ ...

... einen Monat in einem ZELT wohnen?   Ja   Nein

... 20 FREMDE umarmen?   Ja   Nein

... in einem EISBAD baden?   Ja   Nein

26.2.

Welche **APP** ist gerade auf **PLATZ 1** der Charts?
Kennst du sie schon?
Wenn nicht, probiere sie aus
und schreibe eine **REVIEW** darüber.

27.2.

Trend-Teile müssen nicht immer viel kosten,
ein **BLUMEN-HAARBAND** kannst du
zum Beispiel ganz einfach selbst machen:

1. Schneide von beliebigen
    KUNSTBLUMEN die Blüten ab.

2. Wähle ein schlichtes, etwas breiteres Haarband aus
    und platziere die **BLÜTEN** darauf nach deinem Geschmack.

3. Wenn dir das Ergebnis gefällt, kannst du die
    einzelnen Blüten mit **HEIßKLEBER** auf dem
    Haarband befestigen.

4. **FERTIG!** Zeig uns unbedingt dein Haarband auf Instagram
    mit dem **#SPRINGINEINEPFÜTZE**

28.2.

Liebes Tagebuch ...

1.3.

MÄRZ: Trage die wichtigsten Ereignisse
für diesen Monat ein!

1 _____

2 _____

3 _____

4 _____

5 _____

6 _____

7 _____

8 _____

9 _____

10 _____

11 _____

12 _____

13 _____

14 _____

15 _____

16 _____

17 _____

18 _____

19 _____

20 _____

21 _____

22 _____

23 _____

24 _____

25 _____

26 _____

27 _____

28 _____

29 _____

30 _____

31 _____

2.3.

Welche Farbe hatte der heutige Tag für dich?

MALE EIN BILD IN DIESER FARBE.

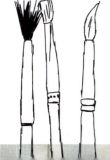

Bemale diese Seite und stanze dann **KONFETTI** aus.

3.3.

4.3.

Klebe das **KONFETTI** hier ein.

5. 3.

Welcher ist der **SCHÖNSTE SPRUCH**, den du kennst und der dich immer motiviert?

6. 3.

Wenn du gerade kein **BUCH** liest, fang doch heute mit einem an!

7.3.

BUCKET LIST:

Dinge, die du im Leben unbedingt
machen willst:

- -

- -

- -

- -

- -

- -

- -

- -

- -

- -

8.3. Hast du darüber schon mal nachgedacht?

Wie wäre es ...   ... in einem **IGLU** zu leben?

... ein **HUND** zu sein?

... nicht **SPRECHEN** zu können?

9.3. Poste ein Foto aus dem März letzten Jahres mit den Hashtags

#THROWBACK

#SPRINGINEINEPFÜTZE

10.3.

KEEP CALM AND ...

(welchen Spruch findest du
am passendsten für heute?)

KEEP
CALM
AND

11. 3.

DEKORIERE dein Zimmer oder deine Wohnung um. Dafür musst du noch nicht mal shoppen gehen, oft reicht es schon, die Deko nur anders und an **NEUEN STELLEN** zu platzieren.

12. 3.

Wie spät ist es jetzt gerade in **LOS ANGELES, SIDNEY** und **TOKYO?**

13. 3.

»ÖFFNE-DRINNEN-EINEN-REGENSCHIRM«-TAG:

Du hast es gehört ;) ...

14.3.

Platz zum MECKERN.

Danach geht es dir bestimmt besser.

15.3.

Klebe hier **QUITTUNGEN**

von deinen Einkäufen ein..

16.3. Was magst du an deiner **MAMA** besonders gerne?

Sag ihr eines dieser Dinge.

17.3.

Hoffentlich magst du **SCHOKOLADE**, dann wird dich folgendes Rezept aus den Socken hauen ;)

BRUCHSCHOKOLADE kannst du nämlich mit jedem Topping aufpeppen, das dir gerade in den Sinn kommt!

1. Zuerst muss die Schokolade schonend geschmolzen werden, das heißt im **WASSERBAD** und bei mittlerer Temperatur.

2. Die flüssige Schokolade (ist übrigens egal, ob weiße, dunkle oder Milchschokolade) nun auf ein mit Backpapier ausgelegtes Blech gießen und durch vorsichtiges Schwenken etwas verteilen. **ABER VORSICHT:** Die Schokolade sollte nicht zu dünn werden!

3. Dann kommt auch schon der lustigste Part: **DAS DEKORIEREN!** Du kannst dafür wirklich alles verwenden, worauf du Lust hast: Streusel, bunte Schokolinsen, Kekskrümel, getrocknete Früchte, die verschiedensten Nüsse und, und, und ... Deiner Fantasie sind keine Grenzen gesetzt, trau dich ruhig mal, etwas Ausgefallenes auszuprobieren! Wir zum Beispiel lieben die Kombination von salzigen Mandeln und Schokolade, das ist wirklich leckerer, als es sich anhört ;) ... Versprochen!

Vergiss nicht ein Foto zu posten mit dem **#SPRINGINEINEPFÜTZE**

Schreib einen **TRAUM** auf, an den du dich erinnern kannst. Vielleicht den von **LETZTER NACHT?!**

18.3.

- -

- -

- -

19.3.

Versuch die **SKYLINE** deiner Stadt zu zeichnen.

- -

20.3. Das solltest du DIESEN FRÜHLING unbedingt machen.

Hake ab, wenn du es getan hast:

Einen BLUMENSTRAUß pflücken

PICKNICKEN

Deine Fingernägel in CANDY-FARBEN lackieren

ZUCKERWATTE essen

 SEIFENBLASEN machen

21.3. lade dir eine **SCHRITTZÄHLER-APP** herunter und notiere heute Abend, wie viele Schritte du gegangen bist.

22.3. Bastele für deine **BFF** ein kleines Geschenk, einfach nur so, um ihr zu zeigen, wie sehr du sie magst. Über eine **FOTOCOLLAGE**, ein **LESEZEICHEN** oder eine duftende **SEIFE** freut sich jede :)

Trockne und presse die ersten **FRÜHLINGSBLUMEN**, die du siehst, und klebe sie hier ein.

24.3.

Schreib hier dein

LIEBSTES REZEPT auf:

25.3. Entweder ... oder? Kringle ein, was du lieber magst!

TULPEN oder **NARZISSEN**

OBSTKUCHEN oder **SCHOKOKUCHEN**

Mit **FREUNDEN** shoppen oder mit **MAMA** shoppen

RADFAHREN oder **INLINESKATEN**

26.3.

Male
dieses
Mandala
aus.

27.3. Eine **TASSEL-GIRLANDE** ist eine der besten Deko-Ideen und man kann sie ganz einfach selbst machen.
So funktioniert's:

1. Für diese Girlande brauchst du **SEIDENPAPIER** in drei aufeinander abgestimmten Farben und einen **FADEN** oder ein Band, um die Girlande-nelemente später aufzuhängen.

2. **FALTE** einen grossen Bogen Seidenpapier zweimal in der Mitte. Je nachdem, wie groß die Tassel werden soll, kannst du sie ein bis zwei weitere Male falten.

3. Von den beiden kürzeren Seiten des Papiers gibt es nun eine geschlossene (gefaltete) Seite und eine offene. Schneide nun von der offenen Seite aus parallele **SCHLITZE** ins Papier.
Ein 3 cm breiter Streifen soll oben nicht eingeschnitten werden!
Die Abstände zwischen den Schnitten sollten ca. 1 bis 1,5 cm betragen.

4. Falte das Papier jetzt einmal auf und verzwirble das Ganze in der Mitte. Falte es dann wieder zusammen, sodass oben eine schöne **SCHLAUFE** entsteht. Damit kannst du nun jede Tassel auf das Band auffädeln :)

28.3. Kaufe dir eine **ZEITSCHRIFT** und versuche sie von vorne bis hinten durchzulesen, auch die Bildunterschriften ;)

29.3. Versuche heute öfter **JA** zu sagen.

 **30.3.** Wie war dein **TAG** in **5** Worten?

 31.3. Was hast du in deiner **KINDHEIT** gerne gemacht? Mache es heute!

Du brauchst Ideen für **APRILSCHERZE?**

Hier sind welche:

Hast du ein **SEIFENSTÜCK** zu Hause?

Dann könntest du dieses Stück mit durchsichtigem

NAGELLACK komplett überlackieren, und schon wird sich

der Nächste wundern, der sich die Hände waschen will ;)

Die **WEIßE CREME** ist doch das leckerste am Oreo,

nicht wahr!? Tausche sie einfach mal gegen **ZAHN-**

PASTA aus! Ganz schön fies … :D

Ein anderer Streich ist zum Beispiel, die Sprache oder

sogar die Schrift auf einem **HANDY** umzustellen!

2.4.

APRIL: Trage die wichtigsten Ereignisse
für diesen Monat ein!

1 ....
2 ....
3 ....
4 ....
5 ....
6 ....
7 ....
8 ....
9 ....
10 ....
11 ....

12 ....
13 ....
14 ....
15 ....
16 ....
17 ....
18 ....
19 ....
20 ....
21 ....
22 ....

23 ....
24 ....
25 ....
26 ....
27 ....
28 ....
29 ....
30 ....

3.4.

Führe über die ganze Woche hinweg ein
WETTERPROTOKOLL.

MONTAG

DIENSTAG

MITTWOCH

DONNERSTAG

FREITAG

SAMSTAG

SONNTAG

4. 4.

Klebe **SÜßIGKEITENPAPIER** von den
leckersten Naschereien hier ein.

5.4.

Wie viele **NAGELLACKE** besitzt du eigentlich? Zähle nach!

6.4.

Wer würde dich in einem **FILM ÜBER DEIN LEBEN** spielen?

7.4.

Verschönere diese Seite mit **LEUCHTMARKERN**.

8.4.

Erfinde einen lustigen **HASHTAG** und poste ein Bild damit. Vergiss den Hashtag zum Buch nicht!

 # SPRINGINEINEPFÜTZE

9.4.

Das ist der beste **NUDELSALAT!**

1. Nudeln kochen.

2. Währenddessen Paprika, Tomaten, Gurken und Käse in kleine Würfel schneiden.

3. Mais und klein geschnittene Gewürzgurken hinzugeben.

4. Nudeln kalt abspülen und unter die Zutaten mischen.

5. Mit Gewürzsalz abschmecken. Und nun kommt die besondere Zutat: Kürbiskernöl (das ist eine Spezialität aus der Steiermark, wo wir herkommen). Dieses Öl großzügig über den Nudelsalat verteilen und gut verrühren. Anschließend noch Balsamicoessig dazu geben und wieder verrühren. Fertig ist unser liebster Nudelsalat!
Probier mal!

10.4.

Hier ist Platz für **AUTOGRAMME**

(Schauspieler, Bands, YouTuber ... ganz egal)

11.4. JETZT GERADE ...

Wer ist in deiner Nähe? ----------------------------------

Was riechst du? ----------------------------------

Wie trägst du deine Haare? ----------------------------------

Was macht dir Angst? ----------------------------------

12.4. 1000 ORIGAMI-KRANICHE
zu falten soll Glück bringen.
Falte heute einen.

13.4. Dekoriere dein Zimmer mit LICHTERKETTEN.

14.4.

Tauche den Boden einer

PLASTIKFLASCHE

in Farbe und stempele auf diese

Seite. Du wirst überrascht sein,

was entsteht.

15. 4.

Stell dich vor den **SPIEGEL** und schreibe auf, was du **HÜBSCH** an dir findest.

16. 4.

Heute ist ein schöner Tag um etwas **ANZUPFLANZEN**.

17. 4.

MARKIERE die Seiten aus dem Buch, die du noch öfter brauchen wirst, damit du sie schneller aufschlagen kannst.

18.4. lege eine Liste an, in die du alles einträgst, was dich **GLÜCKLICH** macht. Und wenn du einmal traurig sein solltest, lies sie dir durch und erinnere dich daran.

19.4.

Versuche dich heute besonders gesund zu ernähren. Den Anfang könnte dieser leckere SMOOTHIE machen:

1. Himbeeren, einen Apfel und eine halbe Banane zerkleinern und in den Mixer geben (du kannst auch andere Früchte nach Belieben hinzufügen).

2. Eine Handvoll Eiswürfel darauf geben und einen Schuss Wasser dazuschütten.

3. Zuletzt, je nach gewünschter Konsistenz, mit Orangensaft auffüllen! Der sorgt für den besonders fruchtigen Geschmack.

4. Und wer es etwas süßer mag, kann auch noch etwas Zucker oder Agavendicksaft dazugeben.

5. Jetzt kann auch schon gemixt und genossen werden!

20.4. Was hast du schon mal gemacht?

In einem **POLIZEIWAGEN** gefahren

Einen **BERG** bestiegen

Im **HEU** geschlafen

UMGEZOGEN

21.4. Wenn du mutig bist: Färbe eine Haarsträhne mit **KREPP-PAPIER**. Dafür musst du nur

1. Krepp-Papier in der **FARBE** deiner Wahl aussuchen.

2. Einen Streifen davon **NASS** machen und um die gewünschte Strähne wickeln.

3. Kurz einwirken lassen und dann nach unten ziehen. Die Farbe des Krepppapiers überträgt sich auf deine Haare.

 **22.4.** FRAGEN ZUM FRÜHLING:

Welche ist deine **LIEBLINGSBLUME?**

Läufst du gerne **BARFUß** rum?

Hast du **ALLERGIEN?**

Wie viele Tage sind es noch bis **SOMMERBEGINN?**

 **23.4.**

Was sollte erfunden werden?
BESCHREIBE UND SKIZZIERE.

24.4.

Mache heute 3 Menschen ein **KOMPLIMENT** und hake deinen Fortschritt ab.

1

2

3

25.4.

Vertausche heute dein Abendessen mit dem Frühstück. **CRAZY!**

26.4.

Male ein Bild, wie es ein Künstler tun würde.

ALLES IST KUNST!

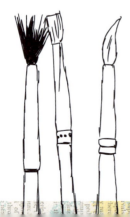

27.4.

Schreibe einen **BRIEF** an dich selbst, den du erst in **10 JAHREN** wieder lesen darfst.

28. 4.

Wenn du dieses **REZEPT** nicht ausprobierst, hast du definitiv etwas verpasst!

1. Von einer Scheibe **TOASTBROT** die Ränder abschneiden und die Scheibe anschließend mit einem Nudelholz flach ausrollen.

2. Die Scheibe mit **NOUGATCREME** bestreichen und zu einem Röllchen formen.

3. Ein Ei und einen Schuss Milch in einer Schale verrühren und etwas **VANILLEZUCKER** hinzugeben.

4. Das Toaströllchen in die Ei-Milch-Mischung tauchen und anschließend in einer **PFANNE** mit etwas Butter goldbraun backen.

TIPP: Mit **HIMBEEREN** schmecken die Nougat-Toaströllchen am leckersten!

29.4. Besprühe diese Seite mit deinem

LIEBLINGSDUFT.

30.4. Mach dieses lustige DIY:

MARBLE-TASSE

(Mit deinen Fingernägeln funktioniert das übrigens auch.)

1. Lauwarmes **WASSER** in eine Schale füllen.

2. Ein paar Tropfen **NAGELLACK** aufs Wasser geben. Der Nagellack sollte sich gleichmäßig auf der Wasseroberfläche verteilen.

3. Wenn du möchtest, kannst du eine **ZWEITE FARBE** aufs Wasser tropfen und dann mit einem Zahnstocher die Farben nochmal verteilen. Aber beeile dich!

4. Tauche nun die **TASSE** vorsichtig ins Wasser, aber achte darauf, dass der Nagellack nicht an die Innenwände der Tasse gelangt. Schwenke die Tasse leicht, sodass sich die Farbe gleichmäßig auf die Oberfläche legt. Solltest du beim ersten Mal nicht ganz zufrieden mit dem Ergebnis sein, kannst du die Tasse schnell mit **NAGELLACK-ENTFERNER** säubern und es ein weiteres Mal probieren.

5. Wenn du zufrieden bist, lass den Lack mindestens **2 STUNDEN** trocknen.

1.5.

MAI: Trage die wichtigsten Ereignisse
für diesen Monat ein!

1 ....

2 ....

3 ....

4 ....

5 ....

6 ....

7 ....

8 ....

9 ....

10 ....

11 ....

12 ....

13 ....

14 ....

15 ....

16 ....

17 ....

18 ....

19 ....

20 ....

21 ....

22 ....

23 ....

24 ....

25 ....

26 ....

27 ....

28 ....

29 ....

30 ....

31 ....

2.5.

Kannst du einen
KOMPLETTEN SONGTEXT
auswendig aufschreiben?

3.5.

Hast du auch so viele unnütze
SCREENSHOTS, SELFIES
und **APPS** auf deinem Handy?
Sortiere sie aus und schaffe Ordnung!

4.5.

WEIßT DU EIGENTLICH, ob du ein **WARMER** oder ein **KÜHLER** Hauttyp bist?

So kannst du es herausfinden:

Für diesen Test musst du **UNGESCHMINKT** sein und dich am besten im **TAGESLICHT** befinden, also vor einem Fenster. Dann benötigst du lediglich Silberfolie (hierfür kannst du Alufolie verwenden) und Goldfolie (die bekommst du im Bastelgeschäft). Halte die die Folien abwechselnd unter dein Gesicht. Silber, gold, silber, gold – bis du dir sicher bist. Du wirst merken: Eine der beiden Farben lässt dein Gesicht **STRAHLEN** und deine Haut gesund aussehen, während die andere Farbe dich eher blass und kränklich wirken lässt. Wenn dir also Gold besser steht, bist du ein warmer Hauttyp, und falls es Silber ist, stehen dir kühle Farben besser!

5.5.

Kopiere deine Hand oder andere Körperteile.

SPAß MUSS SEIN :D

6.5.

Klebe etwas ein, das du AUF DER STRAßE gefunden hast.

8.5.

Versende eine FLASCHENPOST.

7.5.

Übersetze »ICH LIEBE DICH« in diesen Sprachen: Chinesisch, Italienisch, Russisch und Türkisch.

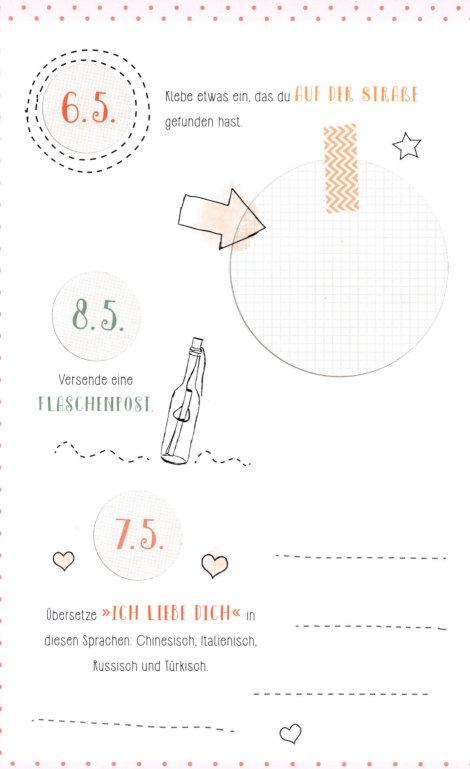

9.5.

Pflege tut jeder Haut gut, entspanne deine mit einer dieser beiden **GESICHTSMASKEN**:

GEGEN TROCKENE HAUT

1. Eine halbe weiche Avocado mit einer Gabel zerdrücken.

2. Einen Esslöffel Naturjoghurt dazumischen, bis eine streichfähige Masse entsteht.

3. Die Maske auf das saubere, trockene Gesicht auftragen und ungefähr 10 Minuten antrocknen lassen. Anschließend mit klarem Wasser abwaschen.

GEGEN PICKEL

1. Eine Tasse Kamillentee zubereiten und abkühlen lassen.

2. Drei Esslöffel Heilerde in eine Schale geben und löffelweise den kühlen Tee dazu rühren, bis ein brauner Brei entsteht. Vorsicht: Lieber weniger Tee nutzen, damit die Gesichtsmaske nicht zu flüssig wird!

3. Diesen Brei im Gesicht verteilen und 30 Minuten einwirken lassen.

Traust du dich ein Foto mit der Maske im Gesicht zu machen? :D

Vergiss den **#SPRINGINEINEPFÜTZE** nicht!

10.5. Schminke dieses **FACE CHART** mit den Produkten, die du jeden Tag verwendest:

11.5.

Was war das **HIGHLIGHT** deines Tages?

- -

12.5.

Welche **DESIGNERTEILE** würdest du dir gerne eines Tages leisten können?

- -

- -

- -

13.5.

Versuche doch mal Eis selbst zu machen:

HIMBEER-JOGHURT-EIS

1 Himbeeren in einem Topf erhitzen und zerdrücken. Wer die Kerne nicht mag, kann den Brei auch noch durch ein Sieb streichen. Dann abkühlen lassen.

2 Einen Becher Naturjoghurt mit 2 EL Zucker verrühren und dann einen EL Himbeeren dazumischen.

3 Zuletzt ca. 150 g Sahne aufschlagen und ebenfalls unterheben.

4 Nun benötigst du Eislutscher-Formen. Gib in jede ein paar Spritzer Himbeersoße und fülle dann die Form mit der Joghurtmasse auf.

5 Das Ganze muss nun nur noch für mindestens eine Stunde in den Tiefkühler und kann dann genossen werden!

15.5.

Man kann auch mitten im Jahr
VORSÄTZE fassen.

Was willst du in Zukunft anders oder
besser machen?

☆ _

☆ _

☆ _

14.5.

Designe auf diese Hand ein Henna-Tattoo. Wenn es dir gefällt, kannst du es auf deine eigene Hand übertragen.

Falls du **INSPIRATION** brauchst:

Video: https://youtu.be/EvYoBClJEOw

16. 5.

Style dich heute etwas anders als sonst

und poste ein Foto davon

mit den HASHTAGS

SPRINGINEINEPFÜTZE

BEBRAVE

17. 5.

Beantworte folgende Fragen

anhand einer Skala:

Wie **MÜDE** bist du?

Wie **SCHÖN** ist das Wetter?

Wie gut hat deine letzte Mahlzeit **GESCHMECKT?**

Wie sehr **FREUST** du dich auf deinen Geburtstag?

18. 5.

Fülle diesen Korb

mit deinen Lieblingsfrüchten

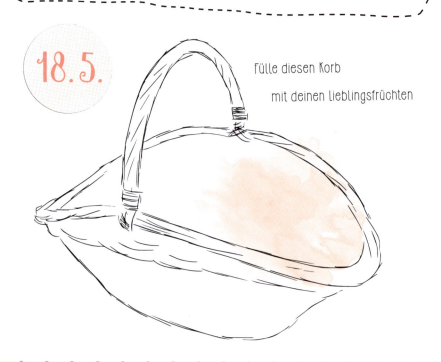

19.5.

Jeder hat Klamotten im Schrank, die längst aussortiert sein sollten.
Mache das heute, behalte aber auf jeden Fall folgende Basics:

ein SCHWARZES KLEID für schickere Anlässe

lässige SHORTS

WEIßE SNEAKERS, die jedes Outfit cool aussehen lassen

ein BANDEAU-TOP, falls die Unterwäsche mal hervorblitzt

eine taillierte JACKE

BOOTS

einen SKATERROCK

schwarze lange LEGGINGS

highwaisted JEANS

eine hübsche LEDER-BIKERJACKE (kann auch nur lederoptik sein).

ERNTE-ERDBEEREN-TAG:

20.5. Frisch und mit Schlagsahne schmecken sie am besten ;) GUTEN APPETIT!

21.5.

Hast du noch Erdbeeren übrig? Dieses Rezept ist nämlich auch sehr lecker:

FRISCHER SALAT MIT ERDBEEREN

Vermenge die Erdbeeren mit grünem Blattsalat, Feta, Walnüssen und ein paar Cocktailtomaten. Als Dressing eignet sich Olivenöl, milder Balsamico und ein wenig Honig.

Geh wie ein **TOURIST** durch deine Stadt
und versuche sie mit neuen Augen zu sehen.

WAS IST DIR BESONDERS
AUFGEFALLEN?

23.5.

Klebe von jeder Rolle **WASHI TAPE**,
die du besitzt, ein Stück hier ein.
Bist du überrascht, wie viele es sind?

FUN FACT: Vikis Sammlung umfasst
ganze **87** Tapes :O

24.5. Poste ein Foto mit deinem
LIEBLINGSMENSCHEN
und verwende die Hashtags

 # SPRINGINEINEPFÜTZE

 # LIEBLINGSMENSCH

25.5.

Nichts macht den Kopf besser frei
als **LAUTE MUSIK** zu hören
und dazu unbeobachtet abzudancen.
VIEL SPAß!

lass dir ein bis fünf **NAGELDESIGNS** einfallen

und zeichne sie auf:

27.5.

PIMPE EIN KLEIDUNGSSTÜCK AUF!

Vielleicht gefällt dir ja eine dieser Ideen:

Aus jedem T-Shirt kann man ganz leicht ein **CROP-TOP** machen - einfach abschneiden. Stich **NIETEN** in die Taschen einer Jeans oder schneide Löcher in die Schulterpartie eines Oberteils, und schon hast du coole **CUT-OUTS.**

28.5.

Würdest du für **100.000 €** ...

... deine **HAARE** abrasieren?   Ja   Nein

... ein Jahr lang keine **SÜßIGKEITEN** essen?   Ja   Nein

... für immer auf dein **HANDY** verzichten?   Ja   Nein

29.5.

Bastle eine Collage zu dem ersten Thema, das dir in den
Kopf kommt, mit Schnipseln, die du in

MODE- UND BEAUTY-ZEITSCHRIFTEN

findest:

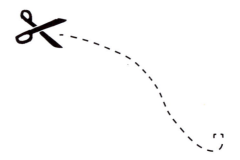

30.5. An was denkst du spontan bei ...

... FAST FOOD `-------------------`

... SONNENBLUMEN `-------------------`

... EINER SCHWARZEN KATZE `-------------------`

... EINEM EINHORN `-------------------`

31.5.

KOFFER PACKEN!

Schreibe die Dinge auf, die du auf Reisen immer mitnehmen musst, und blättere vor deinem nächsten Urlaub auf diese Seite.

`-------------------`

`-------------------`   `-------------------`

`-------------------`   `-------------------`

`-------------------`

`-------------------`   `-------------------`

`-------------------`

JUNI: Trage die wichtigsten Ereignisse
für diesen Monat ein!

1 ....

2 ....

3 ....

4 ....

5 ....

6 ....

7 ....

8 ....

9 ....

10 ....

11 ....

12 ....

13 ....

14 ....

15 ....

16 ....

17 ....

18 ....

19 ....

20 ....

21 ....

22 ....

23 ....

24 ....

25 ....

26 ....

27 ....

28 ....

29 ....

30 ....

2.6.

Lege dich auf den Boden und beobachte die Wolken.
Kannst du ein paar lustige Figuren oder Szenarien erkennen?

ZEICHNE SIE AUF:

3.6.

Was gibt es leckereres als ein
SCHOKO-FONDUE?!
Besorge Weintrauben, Äpfel, Bananen,
Erdbeeren, Salzstangen und Marshmallows
und los geht's. GUTEN APPETIT!

4.6.

Designe dieser **FIGURINE** dein Traumkleid, egal ob für einen Ball, eine Hochzeit, für den Sommer oder eine Party:

5.6.

Welche Gegenstände befinden sich wohl gerade in deiner **TASCHE?** Schreibe deine Vermutung auf und sieh nach, ob du recht hattest!

- - - - - - - - - - -

- - - - - - - - - - -

- - - - - - - - - - -

- - - - - - - - - - -

6.6. LIEBES TAGEBUCH ...

7.6.

Manchmal solltest du dir Zeit nehmen, um über **DICH SELBST** nachzudenken:

Wie bist du auf einer Skala von **1 BIS 10?**

GEDULDIG 1 2 3 4 5 6 7 8 9 10

EHRGEIZIG 1 2 3 4 5 6 7 8 9 10

PÜNKTLICH 1 2 3 4 5 6 7 8 9 10

ZUFRIEDEN 1 2 3 4 5 6 7 8 9 10

8.6.

3 DINGE, die du mit **BLUMEN** machen kannst:

1. Einen **BLUMENSTRAUß** für deine Oma pflücken.

2. Einen **BLUMENKRANZ** flechten.

3. **»ER LIEBT MICH** – er liebt mich nicht« spielen.

9.6.

LÄCHLE heute mindestens **5** Personen an und hake deinen Fortschritt ab:

| 1 | 2 | 3 | 4 | 5 |

10.6.

Schreibe eine Top-Liste deiner **LIEBLINGSSERIEN**. Kannst du dich für einen **PLATZ 1** entscheiden?

- - - - - - - - - - - - - -

- - - - - - - - - - - - - -

- - - - - - - - - - - - - -

- - - - - - - - - - - - - -

- - - - - - - - - - - - - -

11.6.

Hier ist Platz für ein vierblättriges **KLEEBLATT**. Irgendwann findest du bestimmt eins:

12.6.

JUST A PINK PAGE.

13.6.

Wenn du mutig bist:

Lackiere deine

FINGER- UND FUßNÄGEL

heute in Neonfarben.

14.6. Beantworte diese Fragen vom

BEST-FRIENDS-TAG:

LIEBLINGS-INSIDERWITZ?

Wie und wann habt ihr euch **KENNENGELERNT?**

- - - - - - - - - - - - - - - - -

Wo geht ihr am liebsten **SHOPPEN?**

- - - - - - - - - - -

- - - - - - - - - - - - -

- - - - - - - - - - - -

Was ist eure gemeinsame **LIEBLINGSSERIE?**

- - - - - - - - - - - -

Was ist euer schönstes

gemeinsames **ERLEBNIS?**

- - - - - - - - - - - -

- - - - - - - - - - - - - - -

Was macht ihr **AM LIEBSTEN** zusammen?

- - - - - - - - - - - - - - - - - - -

15.6.

Ein bisschen **SPORT** tut gut, egal wie unsportlich du sein magst. Nimm dir mindestens 10 Minuten Zeit und mach ein kleines **WORKOUT**.

Dazu findest du übrigens massig Videos auf YouTube.

16.6.

Bist du ein Winter- oder ein Sommertyp? Verfasse eine **PRO/CONTRA-LISTE** für beide Jahreszeiten:

SOMMER

WINTER

Bemale diese Seite mit
WASSERFARBEN!

18.6. Was würdest du tun, wenn du der **LETZTE MENSCH** auf der Erde wärst, und in welcher **REIHENFOLGE?**

19.6. Ordne deinen ganzen **PAPIERKRAM**, danach fühlst du dich gleich viel freier.

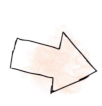 

20.6.

Kannst du dich noch daran erinnern, was du heute, **GENAU VOR EINEM JAHR**, gemacht hast?

21.6.

Mach DIESEN SOMMER
unbedingt folgende Dinge:

Roll dich einen HANG hinunter

Gehe nachts SCHWIMMEN

Erfinde ein BALLSPIEL

Übernachte IM FREIEN

 Mache ein REZEPT vom 24.7. nach

22.6.

Was wünschst du dir für deine ZUKUNFT?

Darüber nachzudenken ist niemals falsch.

23.6.

FRAGEN ZUM SOMMER:

Welche Temperatur ist perfekt?

Aus wie vielen Metern Höhe bist du schon ins Wasser gesprungen?

Wo hast du deinen ersten Sommerurlaub gemacht?

Schwimmst du lieber im Meer, im Pool oder im See?

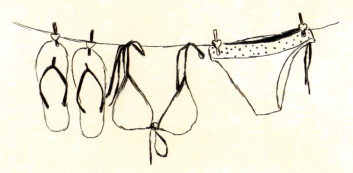

24.6.

Zu einem Lagerfeuer passt nichts besser als **STOCKBROT**.

Um dir die Mühe beim Teigkneten zu sparen, kannst du ganz einfach fertigen **PIZZATEIG** um den Stock wickeln.

Wir nennen das übrigens **»STECKERLBROT«** :D

25.6.

Schreibe mit BUCHSTABEN,
die du aus Zeitungen ausschneidest,
eine wichtige BOTSCHAFT für die Menschheit!

M

S

Q

x

a

26.6. Wusstest du, dass FARBEN eine beruhigende Wirkung haben können?

Ordne irgendetwas nach Farbe:

DEINE KLEIDUNG,

NAGELLACKE ODER

BUNTSTIFTE ...

27.6. Mache die Challenges,

die du gerne auf YOUTUBE ansiehst,

mit deinen FREUNDEN nach.

Das kann auch ohne Kamera richtig viel SPAß machen!

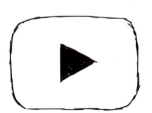

28.6.

Designe deine
TRAUM-TAPETE.

29.6.

Jeder hat **24 STUNDEN ZEIT** am Tag.
Wie sieht ein normaler Tag von dir aus? Versuch
deine Zeit in diesem Kreis optisch darzustellen.
Bist du über das Ergebnis überrascht?
Und möchtest du vielleicht daran
etwas ändern? :)

24

18   6

12

30.6.

Der **SUPER-SPECIAL-
SOMMER-SALAT.**

Probier ihn aus!

WASSERMELONENSALAT

1. Wassermelone schälen, entkernen und in Würfel schneiden.

2. Fetakäse und eine Salatgurke ebenfalls würfeln und
   zusammen mit der Melone in eine Schale geben.

3. Pinienkerne in einer beschichteten Pfanne ohne Fett anrösten.

4. Für das Dressing Limettensaft, Olivenöl, Salz und etwas
   Pfeffer vermischen und unter den Salat rühren.

5. Und zu guter letzt noch die leicht braun
   angerösteten Pinienkerne über den Salat streuen.

JULI: Trage die wichtigsten Ereignisse
für diesen Monat ein!

1 ....

2 ....

3 ....

4 ....

5 ....

6 ....

7 ....

8 ....

9 ....

10 ....

11 ....

12 ....

13 ....

14 ....

15 ....

16 ....

17 ....

18 ....

19 ....

20 ....

21 ....

22 ....

23 ....

24 ....

25 ....

26 ....

27 ....

28 ....

29 ....

30 ....

31 ....

2.7.  Beginne **HEUTE** mit einem Vorhaben, das du schon länger vor dir herschiebst.

3.7.  Packe deine Freunde ein und fahre mit ihnen zu einem See.

VIEL SPASS!

4.7.  Poste das **SÜßESTE FOTO** deines Haustieres mit den Hashtags

 # LOVELOVELOVE
 # SPRINGINEINEPFÜTZE.

5.7.

Knüpfe **FREUNDSCHAFTSBÄNDER**

(z.B. aus Paracord)

mit deiner **BFF** und tausche

eins mit ihr.

6.7.

TAG DES KUSSES:

Versehe diese Seite mit vielen
LIPPENSTIFT-KÜSSEN.

7.7.

Bemale diese Seite mit

ÖLKREIDE.

8.7.

RÄUME MAL WIEDER DEIN ZIMMER AUF.

Das schadet nicht und danach
fühlt man sich gleich wohler.

9.7.

Am **21.03.** hast du einen
SCHRITTZÄHLER runtergeladen.
Und? Wie viele Schritte bist du heute gelaufen?

10.7.

Was sind die
3 WERTVOLLSTEN DINGE,
die du besitzt?

11.7.

Für einen **FERNSEHABEND** mit der **BFF** muss man sich nicht unbedingt treffen.

Sprecht einfach ab, was ihr schauen wollt, ruft euch gegenseitig an, schaltet das Handy in den **LAUTSPRECHERMODUS** und schon ist es so, als würdet ihr nebeneinander sitzen :D

12.7.

Sag auch mal **NEIN**, wenn du etwas nicht möchtest.

13.7.

Wie wäre es,

HAST DU SCHON MAL DARÜBER NACHGEDACHT?

... der **EINZIGE MENSCH** auf der Welt zu sein?

... mit **TIEREN** sprechen zu können?

... **UNTER WASSER** atmen zu können?

Probiere Vikis liebstes Limonaden-Rezept aus – es gibt keine bessere Abkühlung im Sommer als dieses leckere Getränk:

ERDBEER-LIMETTEN-MINZ-LIMONADE

1 ERDBEEREN waschen und vierteln.

2 Eine LIMETTE ebenfalls gut abwaschen, in Scheiben schneiden und diese anschließend vierteln.

3 Die Früchte in einen großen Krug geben und frische MINZE und EISWÜRFEL hinzufügen.

4 Zuletzt nur noch mit APFELSAFT und sprudelndem Wasser auffüllen und fertig ist die erfrischende LIMONADE!

Klebe **STICKY NOTES** mit mehr oder
weniger wichtigen Notizen hier ein:

15. 7.

16. 7.

Findest du den richtigen Weg?

LABYRINTH-RÄTSEL:

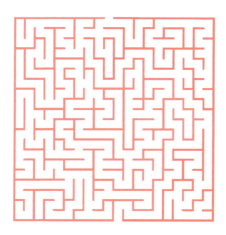

17.7. Beobachte den STERNENHIMMEL. Welche Sternbilder entdeckst du?

18.7.

Mit Eyeliner kann man sich ganz einfach TATTOOS AUFZEICHNEN. Mit einem kleinen Trick halten sie ein paar Tage. Schau dir dazu einfach dieses Video an:

https://youtu.be/5oYtkWKuoqs

19.7.

Gehe in eine **PARFÜMERIE** und frag, ob du
PRÖBCHEN bekommst.
Die Antwort wird bestimmt **JA** sein :)

20.7.

Welche **5 DINGE** befinden sich in deiner
NÄCHSTEN UMGEBUNG?

- - - - - - - - - - - - - - - -

- - - - - - - - - - - - - - - - - -

- - - - - - - - - - - - - - -

- - - - - - - - - - - - - - -

- - - - - - - - - - - - - - - - -

21.7.

Klebe hier einen **LIEBESBRIEF** ein,

den du entweder bekommen hast

oder den du nie gewagt hast jemandem zu geben.

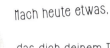 **22.7.** Mach heute etwas,

das dich deinem Traum ein Stückchen näher bringt,

auch wenn es noch so klein erscheinen mag.

 **23.7.**

Verziere ein paar alte, langweilige

TRINKGLÄSER mit einem

coolen **MUSTER**. Wie wäre es zum Beispiel mit einem

MANDALA, mit **KUHFLECKEN** oder einer

GRÜNEN WIESE entlang des Bodens?

Verwende dafür zum Beispiel Glasmalstifte.

24.7.

TIME FOR BBQ!
Diese **MINI-REZEPTE** schmecken ohne viel Aufwand super lecker:

BLÄTTERTEIG-PESTO-STANGEN

1. Blätterteig ausrollen und mit grünem **PESTO** bestreichen.

2. **FETA** in kleine Stückchen zerkleinern und darüberstreuen.

3. Nun einen zweiten ausgerollten **BLÄTTERTEIG** darauflegen und in zwei Zentimeter breite Stränge schneiden.

4. Diese Stränge **ZWIRBELN**, bis sie eine Spiralform annehmen. Auf einem Backblech bei 200° C für ca. **15–20** Minuten backen.

5. Eventuell mit etwas **OREGANO** würzen.

WAS/WER IST DEIN LIEBLINGS-...?

25.7.

...MENSCH? ♡

...EIS?

...DATUM IM GANZEN JAHR?

...SPORT?

GEMÜSE-KÄSE-SPIEßE

1. Eine **ZUCCHINI** mit dem Sparschäler der Länge nach in dünne Scheiben schneiden.

2. Paprika, Tomaten und Halloumi-Käse in ca. 1 bis 2 cm große **WÜRFEL** schneiden.

3. Eine **MARINADE** aus Olivenöl, Knoblauch, Salz und Pfeffer mischen und über die gesamten Zutaten **GIEßEN** und ungefähr eine Stunde im Kühlschrank ziehen lassen.

4. Nun können das Gemüse und der Käse abwechselnd auf einen **HOLZSPIEß** gesteckt werden. Die langen Zucchinistreifen dabei zu kompakten Päckchen zusammenschieben.

5. Die **SPIEßE** können nun erneut mit der Marinade bepinselt und in einer Pfanne oder auf dem Grill **GOLDBRAUN** gebraten werden.

Wie würde der erste Satz deiner **AUTOBIOGRAFIE** lauten?

26.7.

Wie sieht die perfekte **HANDYHÜLLE** aus?
Designe sie!

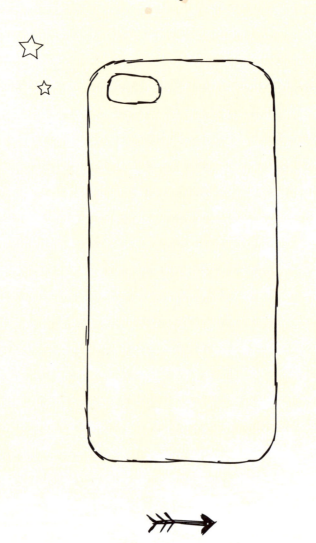

28.7.

Verschenke **PRALINEN**
an jemanden, der es verdient hat.

29.7.

Kombiniere heute ein
KLEIDUNGSSTÜCK,
das du schon ewig nicht
mehr getragen hast.

30.7.

TAG DER FREUNDSCHAFT:

Plane eine Übernachtungsparty mit deinen Freunden! Diese **3 ACTIVITIES** dürft ihr auf keinen Fall auslassen:

ESSEN. Nichts ist besser als Essen! :D
Denkt euch etwas aus, was ihr nicht alltäglich auf dem Tisch habt. Zum Beispiel Raclette, Wraps, Schokofondue oder Zuckerwatte.

BEAUTY SPOT. Tragt einige Beautyprodukte zusammen, die ihr dann gemeinsam ausprobieren und verwenden könnt. Zum Beispiel Nagellack, Gesichtsmasken, ein Fußbad, Süßwachs usw.

Beginnt zusammen eine **SERIE** zu schauen, die noch keine von euch kennt. Oder genau das Gegenteil: Schaut einen Film, den ihr alle kennt und liebt.

31.7.

Lerne **3 SÄTZE** in einer anderen Sprache und schreibe sie auf.

- - - - - - - - - - - - - - -

- - - - - - - - - - - - - - -

- - - - - - - - - - - - - - -

1.8.

AUGUST: Trage die wichtigsten Ereignisse
für diesen Monat ein!

1 ....

2 ....

3 ....

4 ....

5 ....

6 ....

7 ....

8 ....

9 ....

10 ....

11 ....

12 ....

13 ....

14 ....

15 ....

16 ....

17 ....

18 ....

19 ....

20 ....

21 ....

22 ....

23 ....

24 ....

25 ....

26 ....

27 ....

28 ....

29 ....

30 ....

31 ....

2.8. Wer sind eigentlich deine LIEBLINGS-YOUTUBER?

1. ....

2. ....

3. ....

4. ....

5. ....

3.8. Wann hast du das letzte Mal mit STRABENKREIDE gemalt? Heute ist doch ein guter Tag dafür!

4. 8.

Bist du auch so vergesslich, wenn es um GEBURTSTAGE geht? Schreibe hier die wichtigsten Geburtstage auf:

5.8.

Male die **LÄNDER** aus, in
denen du **SCHON**
EINMAL WARST:

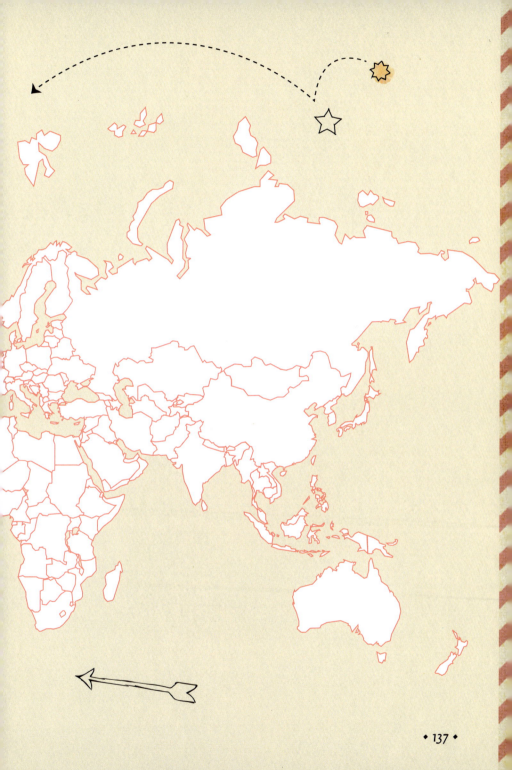

6.8. Beschreibe den heutigen Tag

IN 5 WORTEN:

7.8. Schau dir eine ganze Nacht lang deine

LIEBLINGSSERIE an. Schaffst

du es ohne einzuschlafen?

Aber nur, wenn du gerade Ferien oder

morgen frei hast :D

8.8. Worauf könntest du keinen

Tag VERZICHTEN?

Nichts ist besser als **EISTEE!** Hast du Eistee schon mal selbst gemacht?

9.8.

SO FUNKTIONIERT'S:

1. Frische Pfirsiche entkernen und in **STÜCKE** schneiden.

2. **1,5 LITER WASSER** aufkochen und 100 ml davon in eine Schale geben. Etwa 50 g Zucker einrühren, er sich komplett aufgelöst hat.

3. Im Anschluss die Pfirsichstücke in die **ZUCKER-WASSER-MISCHUNG** geben.

4. In das restliche heiße Wasser 4 **SCHWARZTEE-BEUTEL** hängen und je nach gewünschter Stärke **5–10 MINUTEN** ziehen lassen.

5. Anschließend alles zusammen in einen Krug schütten und für mindestens **2 STUNDEN** in den Kühlschrank stellen.

6. Vor dem Genuss die Obststücke mithilfe eines **SIEBES** entfernen. Wer es besonders fruchtig mag, kann noch einen Schuss Pfirsichsaft hinzugeben.

10.8.

FAULPELZ-TAG:

Hast du heute frei und nichts Besonderes vor?

Dann bleib den ganzen Tag im Bett! Lies Bücher,

schau dir einen Film an.

LET'S GO - BUT SLOW.

11.8.

Versuche ein schönes Bild mit deinen

FINGERN zu malen.

12.8. Welche **SUPERKRAFT** hättest du gerne? Und was würdest du damit als Erstes tun?

----------------- ----------

----------- --------------

----------- -----------------

LINKSHÄNDERTAG:

13.8. Schreibe mit der linken Hand eine kurze Geschichte über eine Katze, die in einem Vogelhaus wohnt.
Wenn du Linkshänder bist, versuche es mit rechts!

14.8.

Klebe hier eine

POSTKARTE

ein, die du mal bekommen hast.

ABWECHSLUNG TUT GUT!

15.8.

Verändere dein Zimmer oder
deine Wohnung.
Hier sind ein paar Vorschläge, die du
ohne Aufwand umsetzen kannst:

Wechsele die Fotos in den **BILDERRAHMEN** aus.

Hol dir ein paar schöne **COFFEE-TABLE BOOKS**. Das
sind Bücher, die man dekorativ, meist am
Couchtisch, platziert und zusätzlich noch mit anderer Deko
in Szene setzt.

BLUMEN! Die müssen nicht
immer etwas kosten, draußen in der
Natur findest du unzählige davon.

GIRLANDEN sind ein richtiger Eyecatcher und man kann sie einfach
selbst machen. Schneide zum Beispiel viele Herzen oder Dreiecke aus
einem schönen Papier aus und fädele sie auf eine Schnur. Oder wie wäre
es mit der Tassel-Girlande vom 27.3.?

16.8. Beantworte diese **VERRÜCKTEN** Fragen!

 Würdest du eher im Bikini in die Stadt gehen
oder im Abendkleid zum Sport? _ _ _ _ _ _ _ _ _ _ _ _

Mit welchem Tier (kein Haustier :)) würdest du dir am liebsten
dein Zimmer teilen? _ _ _ _ _ _ _ _ _ _ _ _ _ _ _

Auf welchem Planeten, außer der Erde, würdest du gerne leben?

_ _ _ _ _ _ _ _ _ _ _ _ _ _ _ _ _ _

Was war der verrückteste Wunsch, den du je hattest?

_ _ _ _ _ _ _ _ _ _ _ _ _ _ _

 **17.8.** Stelle dir mit Kleidungsstücken, die du
in einem **KATALOG** findest, ein Outfit
zusammen und klebe es hier ein:

18.8. Einen erfrischenden **SOMMER-DRINK** pimpt man am besten mit **EISWÜRFELN**, und zwar am besten mit ganz besonderen:

Eine Kombination aus **BLAUBEEREN, ERDBEEREN** und **HIMBEEREN** schmeckt in Eiswürfeln nicht nur lecker, sondern sieht auch super cool aus!

In Eiswürfeln gefrorene **MINZBLÄTTER** geben deinem Getränk eine frische Note.

Wusstest du, dass es essbare **BLÜTEN** gibt? Diese sind natürlich ein besonderer Hingucker, wenn sie in Eiswürfeln eingefroren werden.

19.8. Ist dir langweilig? Dann probiere folgende **TIPPS** aus und bewerte, wie gut sie funktioniert haben:

Lies dir alte Tagebücher durch oder schaue alte Fotos an.

Male ein Mandala aus, während du ein Hörbuch hörst.

Sortiere deinen Kleiderschrank nach Farben.

Lerne etwas Neues mithilfe von Tutorials im Internet. Zum Beispiel: eine Kampfsportart, Skateboard-Tricks oder Schach.

20.8.

Welche **3** Songs kannst du einfach **IMMER** hören?

- -

- -

- -

21.8.

WASSERBOMBENSCHLACHT!

Überfalle deine Freunde mit Wasserballons oder Wasserspritzpistolen.

22.8.

Welchen **EMOJI** gibt es nicht, den du aber ganz dringend brauchen würdest?

Zeichne ihn hierhin:

23.8. ENTWEDER ... ODER – wenn du dich entscheiden müsstest:

WASSEREIS   oder   SAHNEEIS

SÜßWASSER   oder   SALZWASSER

WASSERRUTSCHE   oder   SPRUNGBRETT

URLAUB IM WOHNWAGEN   oder   AUF DEM SEGELSCHIFF

24.8. HIER KANNST DU KRITZELN, wie du es in langweiligen Schulstunden machst.

25.8. Schau dir den SONNENUNTERGANG an. Manchmal vergisst man die Kleinigkeiten im Leben, die wunderschön sind.

26.8.

OBST ist nicht nur lecker und gesund, sondern kann auch hübsch aussehen. Stich es einfach mit **KEKS-AUSSTECHERN** aus.

27.8.

Bestempele die Seite mit einer durchgeschnittenen **ZITRONE**, die du vorher in Farbe getunkt hast.

28.8.

Schreibe zu jedem deiner **LEBENSJAHRE** ein
HIGHLIGHT auf.

29.8.

Am 13.07. hast du deiner Mama bereits ETWAS LIEBES gesagt, jetzt ist dein PAPA dran.

30.8.

Nur wenn du heute frei oder nichts Besonderes vor hast:
Erlaube dir heute NICHTS ZU TUN!

31.8.

NUR-1-PRODUKT-TAG:

Welches ist dein liebstes Produkt aus jeder dieser Kategorien?

CONCEALER

ROUGE

LIDSCHATTEN

MASCARA

LIPPENSTIFT

NAGELLACK

1.9.

SEPTEMBER: Trage die wichtigsten Ereignisse
für diesen Monat ein!

1 ------------

2 ------------

3 ------------

4 ------------

5 ------------

6 ------------

7 ------------

8 ------------

9 ------------

10 ------------

11 ------------

12 ------------

13 ------------

14 ------------

15 ------------

16 ------------

17 ------------

18 ------------

19 ------------

20 ------------

21 ------------

22 ------------

23 ------------

24 ------------

25 ------------

26 ------------

27 ------------

28 ------------

29 ------------

30 ------------

2.9.

Hier ist Platz für die schönsten

BÜCHERZITATE:

Versuche eine komplette Woche lang aufzuschreiben,
wofür genau du dein **GELD** ausgibst.

MONTAG

- -

DIENSTAG

- -

MITTWOCH

- -

DONNERSTAG

- -

FREITAG

- -

SAMSTAG

- -

SONNTAG

- -

4. 9.

Klebe hier eine

GEBURTSTAGSKARTE ein, die

du mal bekommen hast.

Diese **GESICHTER** stehen dir
zur freien Verfügung, um sie zu verschönern
und zu entstellen:

5.9.

Was davon hast du **SCHON MAL GEMACHT?**

NACKT geschwommen

In einem **BAUMHAUS** übernachtet

Einen **HANDSTAND** gemacht (ohne anlehnen!)

Auf einem **PFERD** galoppiert

Denk dir mit deiner **BFF** zusammen ein cooles Thema aus und macht ein Fotoshooting!

#BESTFRIENDSFOREVER
#SPRINGINEINEPFÜTZE

Versuche heute in allem nur das **POSITIVE** zu sehen.

Mit **LIDSCHATTEN** kann man nicht nur Augen schminken.

Versuche dich auf dieser Seite an einem bunten Farbverlauf:

10.9. EAT, SLEEP, ___, REPEAT –
vervollständige den Satz!

11.9. Klebe ein **MITBRINGSEL** aus
deinem letzten Urlaub ein.
Z. B. einen Flyer, eine Eintrittskarte oder
ein bisschen Sand.

12.9. Versuche 2 Wochen ganz bewusst auf etwas zu **VERZICHTEN**: Schokolade, Make-up, Shopping oder Kaffee. **GANZ EGAL WAS.**

13.9. Bekommst du oft **FILMTIPPS** und kannst sie dir nur selten merken? Damit ist jetzt Schluss, schreibe die Titel einfach hier auf:

14.9.

LUSTIGE UNTERNEHMUNGEN

müssen nicht immer etwas kosten:

Gehe in den obersten Stock, in dem höchsten Gebäude deiner Stadt oder spaziere auf einen Hügel und genieße die Aussicht.

Besuche ein Möbelhaus und überlege wie du eine Wohnung einrichten würdest.

Koche ein improvisiertes Gericht aus Zutaten, die du im Kühlschrank findest.

Packe dir etwas leckeres zu essen ein, mache eine Fahrradtour und picknicke an einem schönen Platz.

15.9.

Was ist eigentlich aus deiner **PFLANZE** geworden, die du am **16.4.** angepflanzt hast?

16.9.

Wenn du mutig bist:

Schminke deine **LIPPEN** heute in einer **FARBE**, für die dir sonst der Mut fehlt. Und wenn du heute einige Leute mit violetten, schwarzen oder pinken Lippen rumlaufen siehst, **DANN WEIßT DU BESCHEID ;)**

17.9.

PIZZA PARTY!

Besorge dir einen Pizzateig und Tomatensoße und belege die Pizza mit allem, was du gerne magst.

Und wenn du dich traust, belege ein kleines Stück der Pizza mit

GUMMIBÄRCHEN und

SCHOKOLADE :D

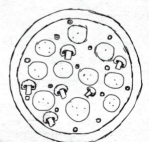

Verziere diesen **CUPCAKE** mit
den besten Leckereien, die dir in den
Sinn kommen:

19.9.

LIEBES TAGEBUCH ...

20.9. Male dieses MANDALA aus:

21.9. Befolge folgende Anweisungen, um in absolute **HERBSTSTIMMUNG** zu kommen:

Zünde eine **DUFTKERZE** an. Perfekte Duftrichtungen wären zum Beispiel: Schokolade, Vanille, Marshmallow, Zimt, Lebkuchen usw.

Bereite dir einen **TEE** oder **KAKAO** zu, suche dir einen gemütlichen Platz, drapiere in Sichtweite ein paar **LICHTERKETTEN** und kuschele dich in die weichste **DECKE** ein, die du besitzt. Und jetzt mache etwas, was du schon lange nicht mehr gemacht hast, zum Beispiel ein **BUCH** lesen, einen **FILM** schauen, eine **ZEITSCHRIFT** durchblättern, mit einem lieben Menschen **TELEFONIEREN** oder deine **NÄGEL** lackieren.

22.9.

Folgende Dinge solltest du in diesem **HERBST** unbedingt machen. Hake ab, was du erledigt hast.

Bunte Bäume fotografieren.

Cupcake-Rezept von Seite 173 backen.

Ein Hörbuch hören.

Kastanien sammeln.

Die Spätvorstellung eines gruseligen Films im Kino besuchen.

23.9.

Schreibe deinen liebsten **INSTAGRAM-ACCOUNTS** einen netten Kommentar unter das neueste Foto und verwende dabei die Hashtags **#XOXO #SPRINGINEINEPFÜTZE**

24.9.

Versuche ein **OUTFIT VON PINTEREST**

in Real Life nachzustylen.

25.9. **FRAGEN ZUM HERBST:**

Wenn du nach draußen schaust, haben sich

die **BLÄTTER** schon verfärbt?

- - - - - - - - -

Wann geht die **SONNE** heute unter?

- - - - - - - - -

Welches **KLEIDUNGSSTÜCK**

 darf im Herbst niemals fehlen?

- - - - - - - - - - -

Wie heißt dein persönlicher **HERBSTFILM?**

- - - - - - - - - -

Klebe dem Baum mit farbigen
PAPIERSCHNIPSELN
eine Krone:

27.9.

Versuche einen **SONGTEXT** zu schreiben,
egal ob Ballade, Partyhit oder Kinderlied:

28.9.

STELL-EINE-DUMME-FRAGE-TAG:

Was wolltest du immer schon mal wissen und hast
dich nie getraut zu fragen?
Heute kannst du es tun, denn du hast
die perfekte Ausrede ;)

29.9. Würdest du für **1 MILLION**

... ein **JAHR** lang nicht mehr sprechen?   Ja Nein

... dich dein Leben lang nur noch **ZU FUß** fortbewegen?   Ja   Nein

... dein Zimmer gegen eine **HUNDEHÜTTE** tauschen?   Ja   Nein

30.9.

WENN DU MUTIG BIST:

Probiere heute mal wieder ein Essen, das dir
eigentlich nicht schmeckt.
Vielleicht ist der Tag gekommen, an dem sich
das ändert :D

1.10.

OKTOBER: Trage die wichtigsten Ereignisse
für diesen Monat ein!

1 ....

2 ....

3 ....

4 ....

5 ....

6 ....

7 ....

8 ....

9 ....

10 ....

11 ....

12 ....

13 ....

14 ....

15 ....

16 ....

17 ....

18 ....

19 ....

20 ....

21 ....

22 ....

23 ....

24 ....

25 ....

26 ....

27 ....

28 ....

29 ....

30 ....

31 ....

2.10.

Kennst du diese Hacks schon?

- - - - - - - - - - - - - - - - - -

Einen **MINITRESOR** kannst du dir ganz einfach selbst
bauen. Dafür benötigst du nur ein leeres Duschgel. Schraube
die Flasche auf, säubere sie und schneide die Öffnung
etwas größer. Schon kannst du Geld, Schlüssel und,
wenn die Flasche die richtige Größe hat, sogar dein Handy
darin verstecken.

Du hast ein **LOCH** in der
SOCKE? Dann lackiere einfach
den sichtbaren Zehennagel in der
gleichen Farbe wie die Socke.

So kannst du eine Sauerei
beim **PFANNKUCHEN**
backen verhindern: Fülle den
Teig in eine leere Ketchup-
flasche und gib den Teig
damit in die Pfanne.

3.10.

Fange mit einer Freundin gleichzeitig an, **DAS
GLEICHE BUCH** zu lesen. Das macht **DOP-
PELT SPAß!**

4.10. CUPCAKES gehen immer!

Probiere unbedingt dieses leckere Topping aus - **WIR LIEBEN ES!**

1. Backe Schoko-Muffins nach deinem **LIEBLINGSREZEPT**.

2. Mische 170 g Mascarpone, 300 g Doppelrahmfrischkäse und 110 g Puderzucker.

3. Hebe vorsichtig 200 g Tiefkühl-Heidelbeeren unter.

4. Portioniere die Creme löffelweise auf die Muffins! Das geht super einfach und sieht **SUPER SÜß** aus.

5. Zuletzt kannst du die Cupcakes noch mit ein paar frischen Heidelbeeren dekorieren.

5.10. Überlegst du schon länger, etwas an deinen **HAAREN** zu verändern? Heute ist der richtige Zeitpunkt dafür!

6.10. Poste ein Foto von deinem **LIEBLINGSOUTFIT** mit den Hashtags **#OOTD #SPRINGINEINEPFÜTZE**

7.10. Räume deinen **SCHREIBTISCH** auf, vielleicht findest du Dinge, die du schon lange suchst ;)

8.10. **ENTWEDER ... ODER?**

Was findest du cooler?

 HUNDE oder **KATZEN**

KARIERTE oder **GESTREIFTE** Bettwäsche

 **SNEAKERS** oder **BOOTS**

AHORNSIRUP oder **ERDNUSSBUTTER**

Viki ist #TeamAhornsirup und Sarina #TeamErdnussbutter

9.10. Verabrede dich heute mit Freunden zum **VIDEOTELEFONIEREN**. Das macht **SPAß!**

10.10. Versuche dich an einer **SCHÖNEN SCHRIFTART** – das ist schwieriger, als es klingt.

11.10.

Nichts ist entspannender als ein

HEIßES BAD.

Perfekt dazu eignen sich **BADEBOMBEN.**

Die kannst du ganz einfach

selbst machen:

1. Mische 50 g Speisestärke, 50 g Zitronensäure und 100 g Natron.

2. Rühre nun 30 g Olivenöl unter.

3. Welche Farbe und welchen Duft deine Badebomben haben sollen, kannst du komplett selbst entscheiden. Füge dafür einfach ein bisschen Lebensmittelfarbe deiner Wahl hinzu und ergänze die Mischung mit ein paar Tropfen Lebensmittel-Aroma.

4. Zuletzt brauchst du nur noch kleine bis mittelgroße Silikonförmchen, die man eigentlich zum Backen verwendet. In diese Mulden füllst du die gut verrührte Masse. Drücke sie richtig fest und lass sie über Nacht gut durchtrocknen.

5. Dann kannst du deine Badebomben auch schon wieder vorsichtig aus der Form lösen und im Badewasser zum Sprudeln bringen :) **GENIEß ES!**

12.10. Das Essen aus welchen **LÄNDERN** hast du schon gegessen?

- -

- -

13.10. Wenn du ein Buch schreiben würdest, worum würde es gehen? Wer wäre die **HAUPTFIGUR?** Versuche sie zu beschreiben!

- -

- -

- -

- -

14.10. Heute ist der perfekte Tag, um einen **HALLOWEEN-KÜRBIS** zu schnitzen! Falls du keinen hast, versuche es mit einer **PAPRIKA**, das klappt auch. :) Du könntest auch eine **CHALLENGE** mit deiner **BFF** daraus machen, so wie wir –

https://youtu.be/3qIhHoZOUyo.

15.10. Poste ein **#FROMWHEREISTAND** auf Herbstlaub. **#SPRINGINEINEPFÜTZE** nicht vergessen!

16.10. An was denkst du spontan bei ...

... DER FARBE VIOLETT?

... EINEM SÜßEN DUFT?

... EINEM DICKEN BUCH?

... EINEM WEICHEN FELL?

17.10. Versuche dich als **FOTOGRAF** - gehe raus und suche **SCHÖNE MOTIVE.**

18.10.

Die einfachste und schnellste Halloween-Deko ist eine **BLUTIGE KERZE:**

Zünde eine Kerze aus **ROTEM WACHS** an und lass das Wachs auf eine **WEIßE** Kerze tropfen, sodass es aussieht, als würde von der weißen Kerze **BLUT** herabrinnen. **GRUSELIG, ODER?**

19.10.

Besticke diese Seite mit **NADEL UND FADEN.**

20.10.

Jetzt gerade …

… IST DAS WETTER: _____

… SIND DEINE SOCKEN: _____

… WÄRST DU GERNE IN: _____

… BIST DU GLÜCKLICH ÜBER: _____

… HAST DU HUNGER AUF: _____

21.10.

Welche **BÜCHER** willst du unbedingt noch lesen?

- -

- -

- -

22.10.

Freust du dich schon auf **HALLOWEEN?**
Falls du noch keine Idee für ein Nageldesign hast,
hier ist eine: **BLUT-NÄGEL.**

Der Effekt ist der gleiche wie bei der
BLUT-KERZE von Seite **179.** Male
mit rotem **NAGELLACK** Bluttropfen
und -spuren auf deine Nägel.
Das bekommt sogar der ungeübteste
Nägellackierer hin :D

23.10.

Bitte einen **LIEBEN MENSCHEN,**

dir einen Brief auf diese Seite zu schreiben

24.10.

Kannst du dich erinnern,
was du letzte Nacht geträumt hast?

- -

- -

- -

25.10.

Ein lustiger Halloween Streich ist folgender:

SPINNE IN SEIFE

Hole dir eine durchsichtige Flüssigseife in einem
ebenfalls durchsichtigen Spender und wirf ein paar
PLASTIKSPINNEN hinein :D

Jeder, der mal eben kurz hinschaut, bekommt
bestimmt einen Schreck ;)

26.10.

Das ist die beste
TO-DO-LISTE,
die du jemals gesehen hast!
HAKE AB ;)

✓ To-Do-Liste erstellen

○ Ersten Punkt abhaken

○ Darüber freuen, dass schon
zwei Punkte abgehakt sind

○ Eine kleine Pause machen

27.10. Hier ist Platz für Ideen, die dich zum **MILLIARDÄR** machen könnten ;)

- -

- -

- -

28.10.

Versuche mit geschlossenen Augen folgende Formen auszumalen.
NICHT SCHUMMELN :D

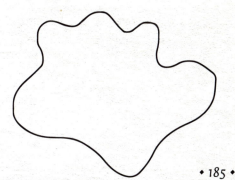

29.10.

MACHST DU EINE HALLOWEEN-PARTY?

In diesem Video haben wir ganz viele **ANREGUNGEN** dafür:

https://youtu.be/vDRb4cLLWJw

30.10.

Ziehe deinen **KUSCHELIGSTEN** **PULLI** an, mache dir einen **TEE**, setze dich an deinen **LIEBLINGSPLATZ** und sei **GLÜCKLICH**.

31.10.

Wie sieht dein **HALLOWEEN-MAKE-UP** aus?

1.11.

NOVEMBER: Trage die wichtigsten Ereignisse für diesen Monat ein!

1 ----------

2 ----------

3 ----------

4 ----------

5 ----------

6 ----------

7 ----------

8 ----------

9 ----------

10 ----------

11 ----------

12 ----------

13 ----------

14 ----------

15 ----------

16 ----------

17 ----------

18 ----------

19 ----------

20 ----------

21 ----------

22 ----------

23 ----------

24 ----------

25 ----------

26 ----------

27 ----------

28 ----------

29 ----------

30 ----------

2.11. Mache mit deiner **FAMILIE** einen **DVD-ABEND.**

Und wenn ihr euch bei der Filmwahl nicht einigen könnt, stimmt einfach ab, welcher Film es werden soll.

3.11. Erledige heute eine Sache, auf die du eigentlich **GAR KEINE LUST** hast, die aber sein muss.

4.11.

Klebe eine **SCHLAGZEILE** aus der heutigen
TAGESZEITUNG ein.

5.11.

Verbinde die Zahlen in der
richtigen Reihenfolge:

6.11.

Vögel haben in den kalten Monaten nicht so viel Nahrung. Du kannst ihnen helfen diese Zeit besser zu überbrücken.

So einfach kann man **VOGELFUTTER** selbst machen:

1. 370 g Kokosöl in einem **GROßEN TOPF** bei mittlerer Hitze schmelzen lassen.

2. 100 g Leinsamen, 50 g Rosinen, 70 g Sesam, 50 g Sonnenblumenkerne und 120 g Couscous nacheinander **EINRÜHREN**.

3. Die Masse **ABKÜHLEN** lassen und dabei immer wieder umrühren.

4. Wenn die Masse schon etwas abgekühlt ist, kannst du beginnen sie zu **PORTIONIEREN**. Zum Beispiel in Sandkastenformen, die du nicht mehr brauchst. Oder du füllst die Masse in **GRÖßERE KEKSAUSSTECHER** und lässt sie einige Zeit hart werden. Du kannst sie später sogar an Bäumen aufhängen :)

 **7.11.**

Warst du schon mal in einem
SECOND-HAND-LADEN
und hast dort etwas gekauft?
Das solltest du unbedingt mal ausprobieren!
Dort kannst du wahre **SCHÄTZE** finden!

 **8.11.**

Was **INSPIRIERT** dich am meisten?
Klebe, schreibe oder zeichne es auf diese Seite.

9.11.

DAS-CHAOS-NIMMT-KEIN-ENDE-TAG:

Sortiere einige Schränke aus. Du findest bestimmt mindestens 10 Dinge, die du nicht mehr brauchst und über die sich jemand anderes freuen wird.

10.11.

Was du bei REGEN zu Hause machen kannst, wenn dir nichts anderes einfällt:

Setze ein PUZZLE zusammen.

Schaue alle Teile einer FILMREIHE hintereinander an.

Drucke deine LIEBLINGSFOTOS aus, klebe sie in ein Fotoalbum ein und verfasse kurze Notizen dazu.

Mache PANCAKES und probiere sie mit allen möglichen Toppings (z. B. Apfelstücken, Schokostreuseln, Nutella, Zimt und Zucker).

11.11.

Je früher, desto besser!
Beginne jetzt schon mal darüber
nachzudenken, was du deinen
liebsten zu **WEIHNACHTEN**
schenken willst.

Mama: _____

_____

_____

_____

12.11.

Es gibt nichts Nervigeres als **KABELSALAT!**
Welches Kabel gehört zu welchem Gerät?
Um dieses Problem aus der Welt zu schaffen,
markiere die einzelnen Kabel, zum Beispiel mit
WASHI TAPE.

13.11.

Welches sind deine 3 liebsten Kleidungsstücke?

14.11.

Spiele auf dieser Seite mit deiner **BFF** ein
paar Runden **HANGMAN**.

15.11. Was magst du lieber? Kringle ein!

SÜßES oder **SALZIGES** Popcorn

PIZZA oder **BURGER**

STILLES oder **SPRUDELWASSER**

KIRSCHEN oder **ERDBEEREN**

GUMMIBÄRCHEN oder **SCHOKOLADE**

 16.11.

Hast du schon mal eine **HEIßE SCHOKOLADE** mit
MARSHMALLOWS getrunken?
Sarina ist süchtig danach und du vielleicht auch,
wenn du es probiert hast :)

17.11.

Dein persönliches perfektes

EINHORN.

Zeichne es zu Ende:

18.11.

Verwandle diese Seite in
eine GALAXIE.

TIPP:

Mit etwas Farbe und der Hilfe einer
Zahnbürste lassen sich Sterne ganz
einfach besprenkeln.

19.11. In welche **LÄNDER** willst du unbedingt noch reisen?

- -

- -

20.11. Klebe hier ein **KINDERFOTO** von dir ein:

21.11.

Hast du schon mal einen **TASSENKUCHEN** ausprobiert?
Wenn nicht, ist jetzt die Zeit dafür!

1. Vermische 5 El Mehl, 2 El Kakaopulver, 1 Messerspitze Backpulver, 2 El Zucker und eine Prise Salz miteinander.

2. Füge nun 6 El Milch hinzu und 2 El Öl. Verrühre diese Mischung nun besonders sorgfältig.

3. Die Teigmischung nun in eine Tasse füllen und einen Klecks Nougatcreme in die Mitte geben. Dieser wird gleich absinken und einen flüssigen Kern ergeben!

4. Stelle jetzt die Tasse nur noch für 70 Sekunden bei 300 Watt in die Mikrowelle und schon kannst du den schnellsten und einfachsten Kuchen in der Tasse genießen. Aber Vorsicht, frisch aus der Mikrowelle ist der Kuchen noch **SEHR HEISS!!**

22.11.

Poste ein Foto und tagge **FREUNDE** darauf.
Nutze dabei die Hashtags:
#BESTPEOPLE #MYGANG
#SPRINGINEINEPFÜTZE

23.11.

VIEL SPAß BEIM TIC-TAC-TOE SPIELEN!

24.11.

Wie gerne magst du folgende Dinge
auf einer Skala von 1 bis 10?

GEISTERBAHNEN 1 2 3 4 5 6 7 8 9 10

KNIFFLIGE RÄTSEL 1 2 3 4 5 6 7 8 9 10

SCHOKOPUDDING 1 2 3 4 5 6 7 8 9 10

ALLEINE SEIN 1 2 3 4 5 6 7 8 9 10

25.11.

Heute ist der ideale Tag,
um mit deiner **BFF** einen
YOUTUBE-MARATHON zu starten.
Schaut die interessantesten Videos
aus eurer **ABOBOX** und
ALTE LIEBLINGE,
die ihr schon mitsprechen könnt.

26.11.

Liste von verlorenen Dingen:

- -

- -

- -

- -

- -

27.11. Nimm dir heute etwas Zeit für dich und mach dir ein **HEIßES BAD** – that's it!

28.11. Vollende dieses **DOODLE**:

 Hast du schon mal darüber nachgedacht, wie du deine KINDER nennen würdest?

 Fertige aus einem Notiz- oder Klebezettel einen SCHERENSCHNITT an und klebe ihn ein.

DEZEMBER: Trage die wichtigsten Ereignisse
für diesen Monat ein!

1 _____   12 _____   23 _____

2 _____   13 _____   24 _____

3 _____   14 _____   25 _____

4 _____   15 _____   26 _____

5 _____   16 _____   27 _____

6 _____   17 _____   28 _____

7 _____   18 _____   29 _____

8 _____   19 _____   30 _____

9 _____   20 _____   31 _____

10 _____   21 _____

11 _____   22 _____

2.12.

Mit den folgenden Tipps
kommst du definitiv in
WEIHNACHTSSTIMMUNG:

ZIMT! Fast alles schmeckt mit Zimt besser
und vor allem weihnachtlicher.

WEIHNACHTS-MUSIK! Musik hören kann
man immer und wann, wenn nicht im Dezember,
sollte man Weihnachtssongs laufen lassen?

BORDEAUX-ROT! Ziehe einen bordeaux-roten Pullover an
und du bringst nicht nur dich, sondern auch
alle Menschen um dich herum ein kleines
bisschen in Weihnachtsstimmung.

SARINAS LIEBLINGS-TIPP:
RENTIERE! Deko-Artikel in Form von Rentieren sind ein Muss und
passen einfach überall hin. Egal, ob als Figur auf der Fensterbank oder
als Druckmotiv auf einem Kissen.

3.12.

Spende **1 €**, egal ob an einen **STRAßENMUSIKER**,
per SMS an eine **ORGANISATION** oder eine
GEMEINNÜTZIGE EINRICHTUNG in deiner Nähe.

4.12. DIE SCHÖNSTEN FILME
für die WEIHNACHTSZEIT.

Bewerte sie anhand der Sterne:

Kevin – Allein zu Haus ☆ ☆ ☆ ☆ ☆

Der darf bei **SARINA** an Weihnachten niemals fehlen!

Schöne Bescherung ☆ ☆ ☆ ☆ ☆

Die Hüter des Lichts ☆ ☆ ☆ ☆ ☆

Tatsächlich ... Liebe ☆ ☆ ☆ ☆ ☆

5.12.
Suche auf **PINTEREST** oder **TUMBLR** nach einem coolen **DIY** und versuche es nachzumachen.

6.12.
Versetze dein Zuhause in weihnachtliche Stimmung und **DEKORIERE UM.**

7.12.

Was **WÜNSCHST** du dir eigentlich zu Weihnachten? Darüber nachzudenken solltest du auch nicht vergessen ;)

- - - - - - - - - -
- - - - - - - - - -
- - - - - - - - - -
- - - - - - - - - -
- - - - - - - - - -

8.12.

Das sind definitiv die einfachsten und zugleich leckersten **KEKSE** ever! Du musst sie unbedingt ausprobieren:

1. Ein **EI** in einer Schale aufschlagen und etwas verrühren.

2. Ein kleines Glas **MEHL** unterrühren.

3. Und nun das Wichtigste: **3** gehäufte EL **NUTELLA** dazugeben und gut vermengen.

4. Nun kannst du auch schon hübsche **COOKIES** formen und auf ein mit Backpapier belegtes Backblech legen.

5. Dann müssen die Cookies nur noch für ca. **10–15 MINUTEN** bei 175° C Ober/Unterhitze in den Ofen.

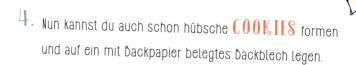

9.12.

Welche **TO-DOS** stehen bei dir in nächster Zeit an?

Sortiere sie nach Wichtigkeit:

10.12.

Hast du **NAGELLACKFARBEN** doppelt?

Schenke sie einer Freundin.

So hast du aussortiert und eine Person glücklich gemacht :)

11.12. Das **SÜßESTE,** was man aus Zuckerstangen machen kann:

ZUCKERSTANGEN-HERZEN

1. Schneide von 2 Zuckerstangen je ca. 1–2 cm vom langen Ende ab

3. Fülle das Innere der Herzen nun löffelweise mit geschmolzener Schokolade und dekoriere sie nach Belieben.

2. Lege sie nun so zusammen, dass sie ein schönes Herz ergeben, am besten auf dem Küchentisch, der mit Backpapier ausgelegt ist.

4. Wenn die Schoko gut getrocknet ist, kannst du die Herzen verschenken oder sie selbst vernaschen.

12.12. Wenn du mutig bist: Schreibe eine nette Botschaft auf einen **ZETTEL** und schiebe ihn unter einer fremden Tür durch.

13.12. Hast du schon mal eine **STERN-SCHNUPPE** gesehen?
Hier ist eine – wünsch dir was!

14.12. Poste den ganzen Tag alles, was du isst, auf **SNAPCHAT** oder **INSTASTORIES**.

15.12. Schau auf deinem **HANDY** nach – welche **EMOJIS** benutzt du am häufigsten?

16.12.

Ein **LEBKUCHENHAUS** aus **BUTTERKEKSEN** zauberst du, indem du drei Stück ganz einfach mit **ZUCKERGUSS** zusammenklebst.

Einen als Boden, links und rechts einen für das Dach.

Und das Dach kannst du **ANSCHLIEßEND** natürlich traditionell mit Schokolinsen und Co. **VERZIEREN** ;)

17.12.

Hast du zufällig leere **BILDERRAHMEN** im Keller oder an der Wand hängen?

Befülle sie doch jetzt oder tausche alte Fotos aus!

18.12.

Wenn du einen **FILM** machen könntest:
Wovon würde er handeln?
Welche Schauspieler würden eine Rolle bekommen?
Welche Gefühle würden die Zuschauer verspüren?

19.12.

MINI-DIY:

Zuckerstangen aus Pfeifenputzern
und **ROT-WEIßEN PERLEN**

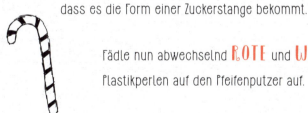

Biege ein kleines Stück **PFEIFENPUTZER** so zurecht,
dass es die Form einer Zuckerstange bekommt.

Fädle nun abwechselnd **ROTE** und **WEIßE**
Plastikperlen auf den Pfeifenputzer auf.

Diese **SÜßE DEKO** kannst du zum Beispiel an
den Weihnachtsbaum hängen.

20.12.

Falls du dir immer noch keine Gedanken um GESCHENKE gemacht hast – hier sind ein paar LAST-MINUTE-IDEEN:

Backe KEKSE, die du am besten ganz speziell und besonders verzierst und in kleine Säckchen packst – SÜSSIGKEITEN LIEBT JEDER!

Auch wenn es sich komisch anhört, TANKSTELLEN bieten zur Weihnachtszeit oft fertig zusammengestellte Geschenke an. Und die meisten Tankstellen haben bekanntlich 24 STUNDEN geöffnet ;)

Schreibe eine GESCHICHTE. Am schönsten ist es, wenn sie einen persönlichen Zusammenhang mit der zu beschenkenden Person hat.

Schreibe alle deine LIEBLINGS-REZEPTE in ein kleines Büchlein. Eine Person, die gerne kocht, wird sich darüber bestimmt riesig freuen.

Wenn du wirklich gar keine Zeit mehr hast, tun es auch die altbewährten GUTSCHEINE. Schreibe auf ein Stück Papier, wofür der oder die Beschenkte den Gutschein bei dir einlösen kann, rolle es zusammen und mache eine Schleife drum.

21.12. Diese Dinge solltest du im Winter unbedingt machen.
Hake ab, wenn du es getan hast:

Ein **LEBKUCHENHAUS** bauen.

Einen **SPIELEABEND** mit Freunden oder der Familie machen.

Ein **SCHAUMBAD** nehmen.

Einen Hügel hochstapfen und mit dem **SCHLITTEN** hinunterfahren.

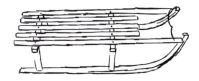

Gebratene **MARONEN** essen.

22.12. Poste das lustigste Foto aus dem letzten Dezember, das du finden kannst, mit den Hashtags **#THROWBACK #SPRINGINEINEPFÜTZE** und tagge deine Freunde darauf.

23.12. Kannst du dich erinnern, was du genau **HEUTE** vor einem Jahr gemacht hast?

24.12

HURRA, WEIHNACHTEN!

Schmücke diesen Weihnachtsbaum:

25.12.

Erstelle einen **SENDEPLAN**, in den du alle Uploadzeiten deiner Lieblings-YouTuber einträgst.

26.12. Lies dein **LIEBLINGSBUCH** ein zweites Mal.

27.12. Schreibe ein Wort in **GRAFFITI-SCHRIFT:**

28.12.

Klebe dieser **FIGURINE**
ein Outfit aus Papierschnipseln
im **OMBRÉ-LOOK**

Welche Dinge von deiner

BUCKET LIST (vom 7.03.)

29.12.

hast du bereits erledigt?

- -

- -

- -

- -

- -

- -

- -

- -

- -

- -

30.12.

Designe deinen persönlichen

GLÜCKSBRINGER!

Wie fändest du zum Beispiel ein pinkes,

funkensprühendes **HUFEISEN** oder einen

creepy **SCHORNSTEINFEGER?**

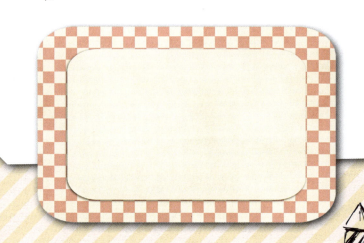

31.12.

Welche ist deine **LIEBLINGSSEITE**

aus diesem Buch?

Poste sie mit den Hashtags

#MYFAVORITE

#SPRINGINEINEPFÜTZE

#HAPPYNEWYEAR

Unser erstes DANKE geht an unsere Familien: dafür, dass ihr immer hinter uns steht, uns den Rücken freihaltet und uns jede Freiheit lasst. Zu wissen, dass wir immer und zu jeder Zeit auf euch zählen können, macht uns so glücklich.

Liebe Moni (Monika Krafft), ohne dich hätten wir dieses Buch niemals gemacht. Dafür und für deine Ratschläge, Motivation und liebe Art sind wir dir unheimlich dankbar. Du bist großartig!

Ein ganz besonderer Dank geht an unsere Fans, Abonnenten, Zuschauer & Follower ♡ Danke für eure Unterstützung, die uns tagtäglich glücklich macht und zum Lachen bringt. Ihr seid etwas ganz Besonderes für uns und wir schätzen jeden Einzelnen von euch!

IMPRESSUM

13. Auflage
© 2017 Community Editions GmbH
Reinoldstraße 6
50676 Köln

Texte: ViktoriaSarina
Layout, Design & Illustration: BUCH & DESIGN Vanessa Weuffel
Satz: BUCH & DESIGN Vanessa Weuffel
Projektmanagement: Yasmin Reddig
Gesetzt aus der Hipsterish Pro © Hello I'm Flo,
DK Innuendo © David Kerkhoff und der Fedra Serif © Peter Bil'ak
Bildnachweis: © Joachim Steiner: S. 223

Gesamtherstellung: Community Editions GmbH

ISBN 978-3-96096-005-8

Printed in Italy

www.community-editions.de

ABKÜRZUNGEN:

EL = Esslöffel

g = Gramm

ml = Milliliter